AF187404

Impressum
Verlag: BABADADA GmbH, Nedderfeld 112 , 22529 Hamburg
Geschäftsführer / Verlagsleitung: Harald Hof
Druck: Books on Demand GmbH, In de Tarpen 42, 22848 Norderstedt

Imprint
Publisher: BABADADA GmbH, Nedderfeld 112 , 22529 Hamburg, Germany
Managing Director / Publishing direction: Harald Hof
Print: Books on Demand GmbH, In de Tarpen 42, 22848 Norderstedt

ښوونځی
okul

sınıf
تقسیم
böl
186/2
بورډ
tahta
د ښوونځي حویلی
okul bahçesi
ښوونکی
öğretmen
ورق
kağıt
لیکل
yazmak
قلم
kalem
ډیسک
masa
خط کش
cetvel
کتاب
kitap
زده کونکی
öğrenci

کڅوړه
....
okul çantası

د پنسل بکسه
....
kalemlik

پنسل
....
kurşun kalem

پنسل تراش
....
kalem açacağı

ربړ
....
silgi

د رسامۍ پاڼه
....
çizim defteri

رسامي

çizim

د نقاشۍ برس

resim fırçası

د نقاشۍ بکس

boya kutusu

قیچي

makas

سریښ

tutkal

د تمرین کتاب

alıştırma kitabı

کورنۍ دنده

ödev

12

شمیر

sayı

2+2

جمع

ekle

5-2

منفي

çıkar

2×2

ضرب

çarp

حساب

hesapla

A

توری

harf

ABCDEFG
HIJKLMN
OPQRSTU
VWXYZ

الفبا

alfabe

hello

کلمه

kelime

متن

....

metin

لوستل

....

okumak

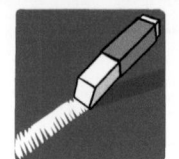

تباشير

....

tebeşir

درس

....

ders

راجستر

....

kayıt

ازموينه

....

sınav

تصديق پاڼه

....

sertifika

د ښوونځي يونيفارم

....

okul forması

تعليم

....

eğitim

دايره المعارف

....

ansiklopedi

پوهنتون

....

üniversite

مايکروسکوپ

....

mikroskop

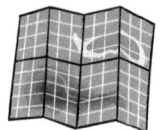

نقشه

....

harita

اشغالدانی

....

kağıt çöp kutusu

otel
Grand
لیلیه
pansiyon
د اسعارو د تبادلې دفتر
döviz bürosu
بکس
bavul
موټر
otomobil

ژبه
....
dil

هو/نه
....
evet / hayır

سمه ده
....
Tamam

سلام
....
merhaba

ژباړونکی
....
çevirmen

مننه
....
Teşekkür ederim

څومره دي...؟

bu … ne kadar?

زه نه پوهیږم

anlamadım

ستونزه

problem

ماښام مو پخیر!

İyi akşamlar!

سهار په خير!

Günaydın!

شپه په خير!

İyi geceler!

په مخه مو ښه

güle güle

لارښود

yön

سامان

bagaj

بیک

çanta

شاتنی بکس

sırt çantası

میلمه

misafir

خونه

oda

د خوب کڅوړه

uyku tulumu

خیمه

çadır

د توریزم معلومات

turist danışma

ساحل

sahil

کریډیټ کارت

kredi kartı

ناری

kahvaltı

د غرمي خواړه

öğle yemeği

د شپي خواړه

akşam yemeği

ټیکټ

Bilet

لفټ

asansör

مهر

pul

پوله

sınır

ګمرک

gümrük

سفارت

elçilik

ویزه

vize

پاسپورټ

pasaport

ټرانسپورټ

ulaşım

الوتکه
uçak
gemi
د اور ماشین
yangın söndürme pompası
بس
otobüs
ټرک
kamyon
موټرکښتی
motorlu tekne
موټر
otomobil
بایک
bisiklet

کښتی
....
feribot

کښتی
....
bot

موټرسایکل
....
motosiklet

د پولیسو موټر
....
polis arabası

د ریس موټر
....
yarış arabası

کرایی موټر
....
kiralık araba

د کرایه موټري

ortak araba

جرثقیل لرونکی ټرک

çekici

ریفیوز ټرک

çöp kamyonu

موټر

motor

سونګ توکي

yakıt

پټرول سټیشن

benzinlik

ترافیکي نښه

trafik işareti

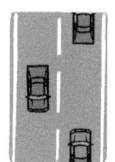

ترافیک

trafik

جام ترافیک

trafik sıkışıklığı

د موټرو تمځای

otopark

د ریل سټیشن

tren istasyonu

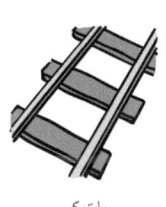

پاټکي

ray

ریل

tren

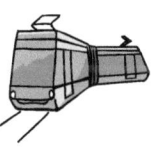

ټرام

tramvay

واګون

vagon

چورلکه

helikopter

هوايي ډګر

havaalanı

برج

kule

مسافر

yolcu

کانټېنر

konteyner

کارتون

koli

کارت

yük arabası

ټوکرۍ

sepet

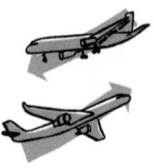

الوتنه کول/کښېناستل

kalkış / iniş

ښار

şehir

کلی

köy

د ښار مرکز

şehir merkezi

کور

ev

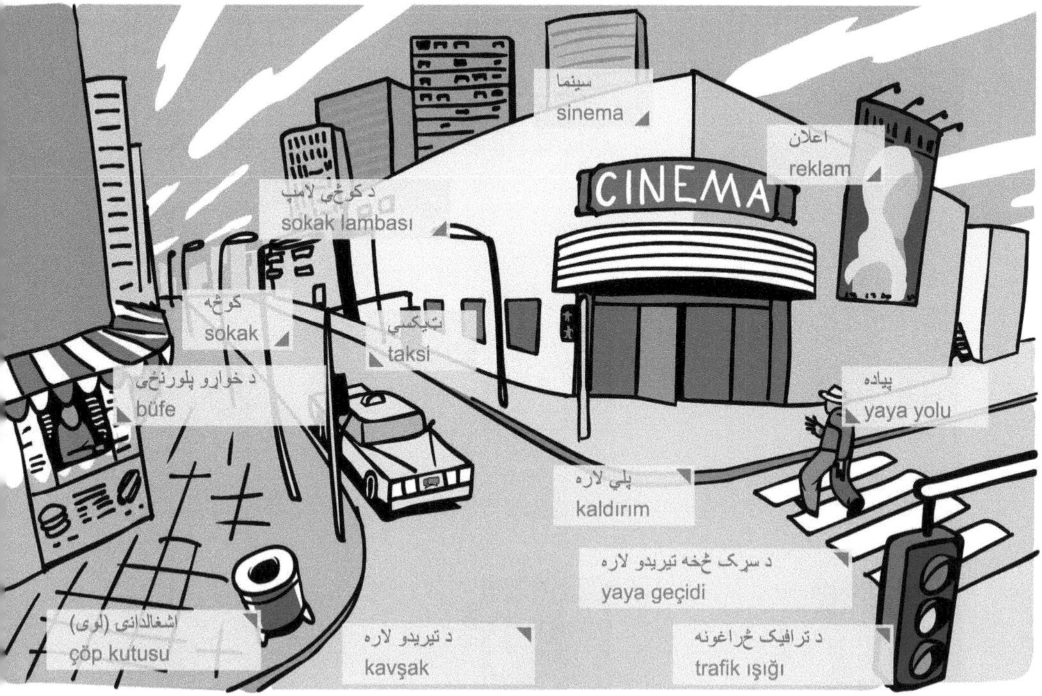

سینما
sinema
اعلان
reklam
CINEMA
د کوڅې لامپ
sokak lambası
کوڅه
sokak
ټیکسي
taksi
د خوارو پلورنځی
büfe
پياده
yaya yolu
پلي لاره
kaldırım
د سړک څخه تیریدو لاره
yaya geçidi
اشغالدانی (لوی)
çöp kutusu
د تیریدو لاره
kavşak
د ترافیک څراغونه
trafik ışığı

کوډله

kulübe

اپارتمان

apartman dairesi

د ریل سټېشن

tren istasyonu

ټاون هال

belediye binası

میوزیم

müze

ښوونځی

okul

پوهنتون

üniversite

بانک

banka

روغتون

hastane

هوټل

otel

درملتون

eczane

دفتر

ofis

کتاب پلورنځی

kitapçı

پلورنځی

mağaza

د ګلانو پلورنځی

çiçekçi

لوی پلورنځی

süpermarket

مارکيټ

market

د ډیپارټمنټ سټور

büyük mağaza

کب پلورنځی

balık satıcısı

د پلور مرکز

alışveriş merkezi

لنګرتون

liman

پارک

park

بینچ

bank

پل

köprü

زینه

merdiven

د ځمکي لاندي

metro

تونل

tünel

بس تمځای

otobüs durağı

بار

bar

ریسټورانټ

restoran

پوست بکس

posta kutusu

د کوڅي نښه

sokak tabelası

د پارک کولو میټر

otopark sayacı

ژوبڼ

hayvanat bahçesi

د لامبو حوض

yüzme havuzu

مسجد

cami

کرونده

çiftlik

ناپاکي

kirlilik

هدیره

mezarlık

چرچ

kilise

د لوبو ډګر

oyun alanı

معبد/کلیسا

tapınak

منظره

arazi

پاڼه
yaprak
د لارښوونې نښه
yön tabelası
لاره
yol
چمن
çayır
کاڼی
taş
ونه
ağaç
هیکر
yürüyüşçü
سیند
ırmak
واښه
çimen
ګل
çiçek

دره

vadi

غونډۍ

tepe

ناور

göl

ځنګل

orman

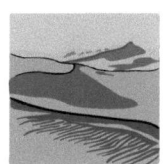

دښته

çöl

اورشیندی

volkan

کلا

kale

رنګین کمان

gökkuşağı

مرخیړي

mantar

پلم ونه

palmiye

ماشي

sivrisinek

الوتل

sinek

میږی

karınca

مچۍ

arı

غوندل/جولا

örümcek

گـونگـټ

....

böcek

چونگـښـه

....

kurbağa

نولی

....

sincap

زیږکی

....

kirpi

سوی

....

yabani tavşan

گـونگ

....

baykuş

مرغی

....

kuş

قازه

....

kuğu

نرخوک

....

yaban domuzu

هوسی

....

geyik

گـاوزه

....

geyik

بند

....

baraj

بادي توربين

....

rüzgar türbini

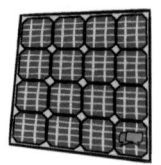

سولر تختي

....

güneş paneli

اقليم

....

iklim

restoran

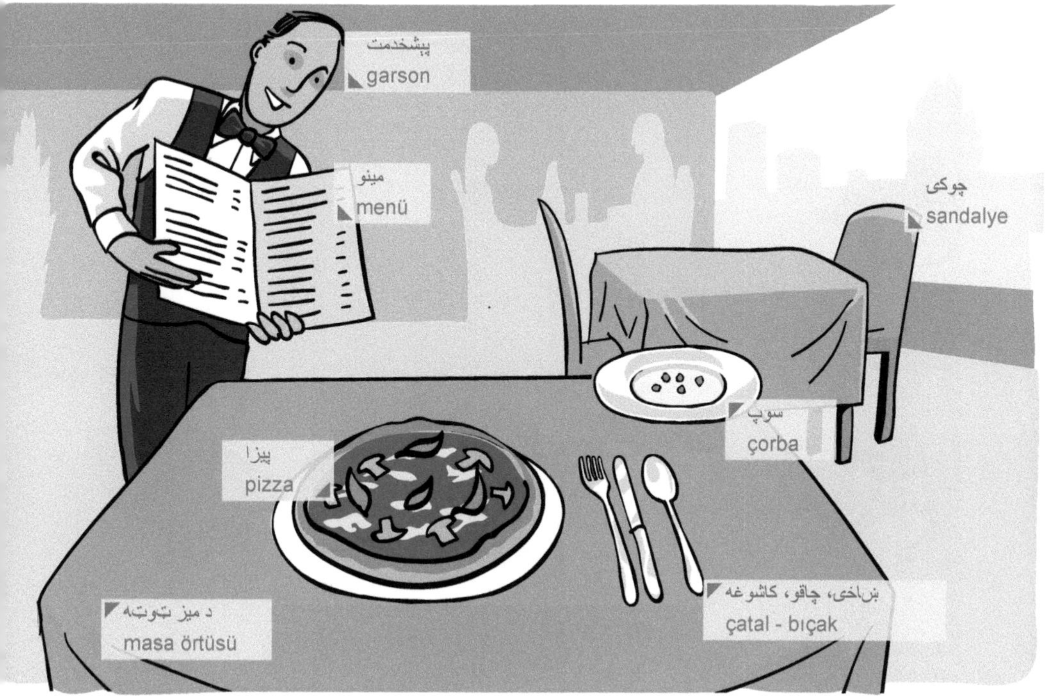
پیشخدمت
garson
مینو
menü
چوکی
sandalye
سوپ
çorba
پیزا
pizza
د میز ټوټه
masa örtüsü
بڼاخی، چاقو، کاشوغه
çatal - bıçak

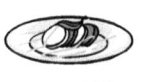

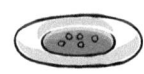

ستارټر
....
başlangıç

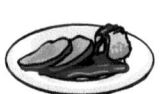

اصلي خواړه
....
ana yemek

شیریني
....
tatlı

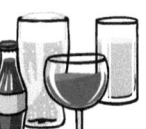

څښاک
....
içecekler

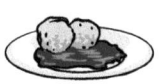

خواړه
....
yemek

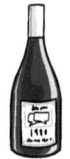

بوتل
....
şişe

فاسټ فوډ

fastfood

د کوڅې خواړه

sokak yemeği

چای جوش

çaydanlık

قندانی

şekerlik

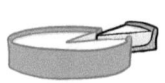

برخه

porsiyon

اسپرسو مشین

espresso makinesi

لوړه چوکۍ

mama sandalyesi

رسید

fatura

مجمه

tepsi

چاکو

bıçak

پنجه

çatal

قاشق

kaşık

چای قاشق

çay kaşığı

سورویت

servis peçetesi

ګلاس

bardak

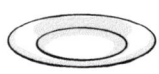

پلیټ

tabak

د سوپ پلیټ

çorba kasesi

نالبکی

fincan altlığı

ساس

sos

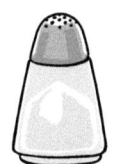

مالګه شیندونکی

tuzluk

د مرچ ټکولو لوخی

karabiber değirmeni

سرکه

sirke

غوړي

yağ

مساله

baharat

کچ اپ

ketçap

شرشم

hardal

چکه

mayonez

لوی پلورنځی

süpermarket

ځانګړی وړاندیز
özel teklif
FOR
پیرودونکی
müşteri
لبنیات
süt ürünleri
میوه
meyve
alışveriş arabası

قصابي

kasap

نانوایی

fırın

وزن کول

tartmak

سبزیجات

sebze

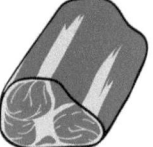

غوښه

et

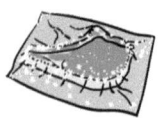

کنګل خواره

donmuş gıda

يخه غوښه
....
söğüş et

کنسروا خواړه
....
konserve yiyecek

د مينځلو پودر
....
toz deterjan

شيريني
....
şekerlemeler

کورني توليدات
....
ev temizlik ürünleri

د پاکولو محصولات
....
temizlik ürünleri

د پلور فرد
....
satış görevlisi

د نغدي راجستر
....
yazar kasa

صراف
....
kasiyer

د پيرود ليست
....
alışveriş listesi

کاري ساعتونه
....
açılış saatleri

بټوه
....
cüzdan

کريډيټ کارت
....
kredi kartı

کڅوره
....
çanta

پلاستيک کڅوره
....
plastik poşet

څښاک

içecekler

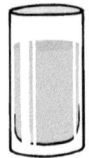

اوبه

su

جوس

meyve suyu

شیده

süt

کوک

kola

واین

şarap

بیر

bira

الکول

alkol

ککاو

kakao

چای

çay

کافي

kahve

اسپرسو

espresso

کپچینو

kapuçino

کیله
....
muz

مڼه
....
elma

نارنج
....
portakal

هندواڼه
....
kavun

لیمو
....
limon

گازره
....
havuç

هوږه
....
sarımsak

بانکس
....
bambu

پیاز
....
soğan

مرخیړي
....
mantar

چغزی
....
çerez

آش
....
makarna

سپیګټي

spagetti

وريجي

pirinç

سلاد

salata

چپس

cips

سره کړي کچالو

patates kızartması

پیزا

pizza

همبرګر

hamburger

ساندویچ

sandviç

کتره

şinitzel

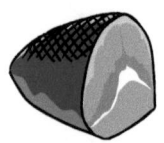

د پتون غوښه

pastırma

سلمي

salam

ساسچ

sosis

چرګ

tavuk

روسټ

rosto

کب

balık

د وربشي شيرني

....

yulaf ezmesi

موسلي

....

müsli

د جوار پلی

....

mısır gevreği

اوړه

....

un

کروسانټ

....

kruvasan

د ډوډۍ رول

....

küçük ekmek

ډوډۍ

....

ekmek

ټوسټ

....

tost

بسکیټ

....

bisküvi

کوچ

....

tereyağı

چکه

....

kaymak

کیک

....

kek

هګۍ

....

yumurta

پښې هګۍ

....

sahanda yumurta

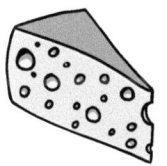

پنیر

....

peynir

آیس کریم

dondurma

بوره

şeker

شهد

bal

مربا

reçel

نوگات کریم

fındık ezmesi

کورکمان

köri

yemek - خواره

کرونده

çiftlik

غوجل
tahıl ambarı
د بوسو ګیډی
sap toplama makinesi
tarla
اس
at
لاس ګاډی
römork
تریکټر
traktör
کوچنی اس
tay
خر
eşek
پسه
koyun
وری
kuzu

وزه

keçi

غوا

inek

خوسکی

buzağı

خوګ

domuz

د خوګ بچی

domuz yavrusu

غویی

boğa

بته

kaz

هیلۍ

ördek

چرګوړی

civciv

چرګه

tavuk

بانګي

horoz

سارای موږک

sıçan

پیشک

kedi

موږک

fare

غویی

öküz

سپی

köpek

د سپي خونه

köpek kulübesi

د باغ هوز

bahçe hortumu

د اوبو لوخی

sulama kabı

لور (داس)

tırpan

یوی

pulluk

لور

orak

رمبی

çapa

ښاخی

dirgen

تبر

balta

کراچی

el arabası

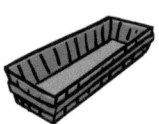

ناوه

yemlik

د شیدو لوخی

süt kovası

جوال

çuval

کټاره

çit

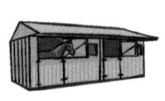

مضبوط

ahır

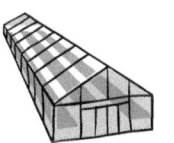

شنه خونه

sera

خاوره

toprak

تخم

tohum

سره/کود

gübre

کډ ریبونکی ماشین

biçerdöver

زیرمه کول

hasat etmek

درمند

harman

خواږه کچالو

tatlı patates

غنم

buğday

سویا

soya

کچالو

patates

جوار

mısır

نباتي تخم

kolza

د میوې ونه

meyve ağacı

مانیوک

manyok

غله

hububat

درخه
baca

بام
çatı

ناودان
yağmur oluğu

کرکی
pencere

کراج
garaj

د دروازی زنگ
kapı zili

دروازه
kapı

اشغالدانی
çöp kutusu

د لیک بکس
posta kutusu

باغ
bahçe

د اوسیدو خونه
oturma odası

حمام
banyo

پخلنځی
mutfak

د ویده کیدو خونه
yatak odası

د ماشوم خونه
çocuk odası

د خوارو خونه
yemek odası

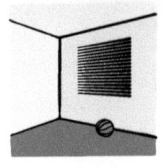

فرش

zemin

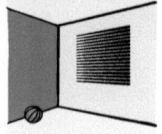

دیوال

duvar

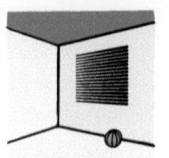

چت

tavan

زیرخانه

kiler

سونا

sauna

بالکوني

balkon

تېراس

teras

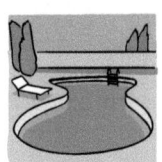

حوض

havuz

د چمن وهلو ماشین

çim biçme makinesi

شیټ

çarşaf

روجایی

yatak örtüsü

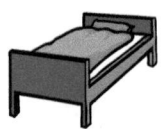

تخت

yatak

جارو

süpürge

بوکه

kova

سویچ

anahtar

د اوسيدو خونه

oturma odası

والپيپر
duvar kağıdı
عکس
resim
لامپ
lamba
شيلف
raf
الماری
dolap
تلويزيون
televizyon
نغری
şömine
çiçek
بالښت
minder
صوفه
kanepe
ګلدانی
vazo
uzaktan kumanda

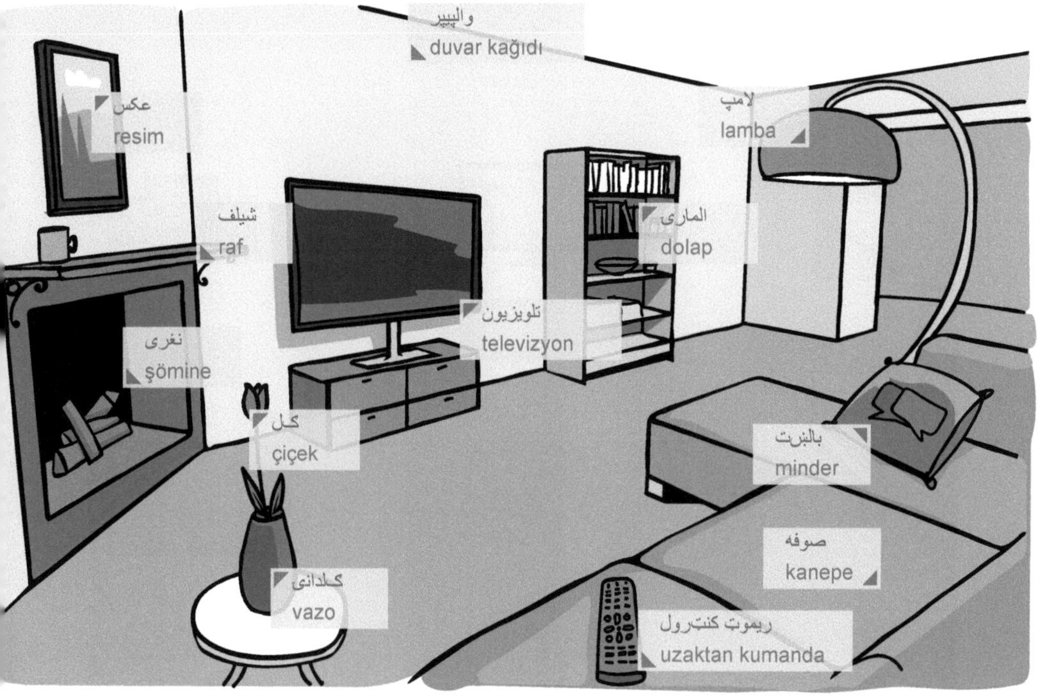

غالی

halı

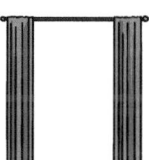

پرده

perde

ميز

masa

چوکی

sandalye

تاويدونکي چوکی

salıncaklı koltuk

بازو لرونکی چوکی

koltuk

کتاب

kitap

کمپل

battaniye

ډیکوریشن

dekor

د اور لرګي

odun

فلم

film

هایفای

hi-fi

کلي

anahtar

ورځپاڼه

gazete

نقاشي

tablo

پوسټر

poster

راډیو

radyo

کتابچه

defter

واکیوم جارو

elektrikli süpürge

کاکتوس

kaktüs

شمع

mum

پخلنځی
mutfak

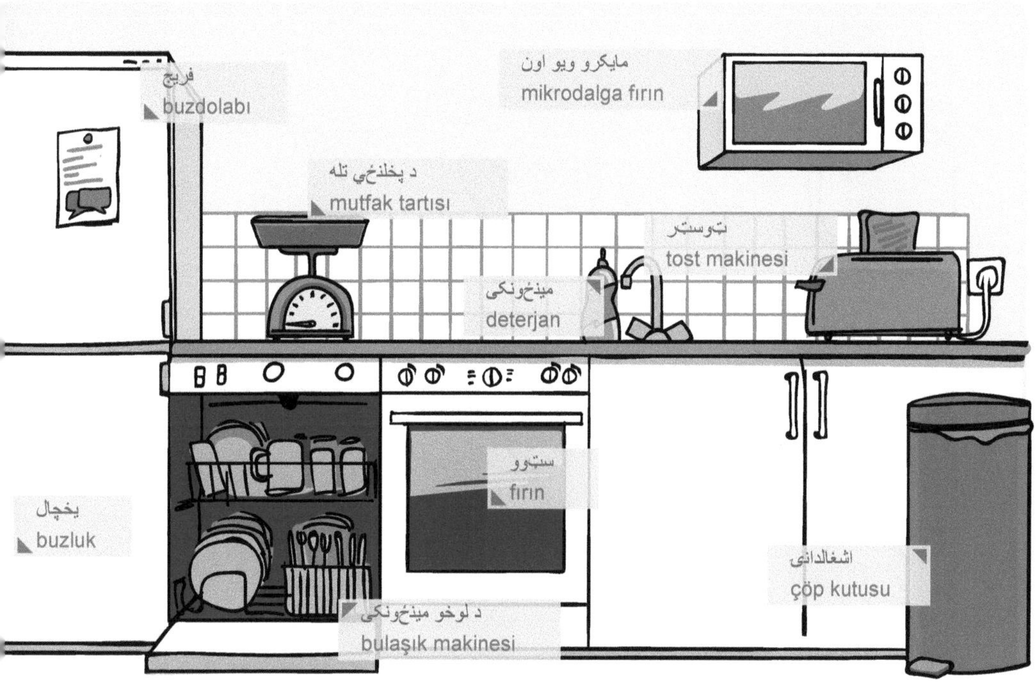

فریج
buzdolabı
مایکرو ویو اون
mikrodalga fırın
د پخلنځي تله
mutfak tartısı
ټوستر
tost makinesi
مینځونکی
deterjan
سټوو
fırın
یخچال
buzluk
اشغالدانی
çöp kutusu
د لوخو مینځونکی
bulaşık makinesi

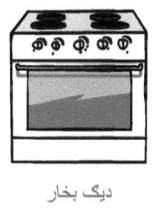

دیگ بخار

ocak

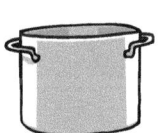

لوخی

tencere

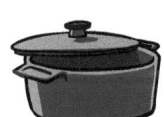

چدني لوخی

döküm tencere

ووک

wok

د تلي په

tava

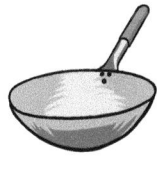

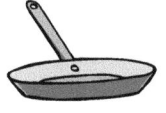

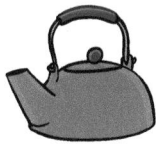

چای جوش

su ısıtıcı

د بخار دیګ

buharlı pişirici

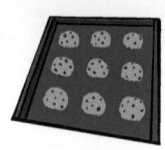

پتنوس

pişirme tepsisi

لوخي

tabak takımı

مګ

kupa

کاسه

kase

د رانیولو اوزار

çubuk (çin yemeği)

څمڅۍ

kepçe

کفګیر

spatula

پاکونکی

çırpma teli

صافي

süzgeç

غلبیل

elek

ګریټر

rende

اونګ

havan

بار بي کیو

barbekü

خلاص اور

açık ateş

تخته

kesme tahtası

هوارونکی

merdane

کارک سکریو

tirbüşon

ټيم

konserve kutusu

د ټيم خلاصونکی

konserve açacağı

د لوخي ټوټه

fırın eldiveni

ظرف شوی

evye

برس

fırça

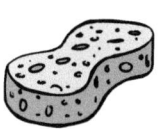

سپنج

sünger

بلیندر

blender

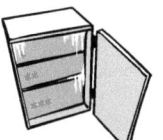

ژور یخچال

derin dondurucu

د ماشوم بوتل

biberon

نل

musluk

حمام
banyo

تودول
ısıtma
شاور
duş
جان پاک
havlu
د شاور پرده
duş perdesi
köpük banyosu
د حمام ټب
küvet
ګلاس
bardak
د مینځلو مشین
çamaşır makinesi
نل
musluk
ټایلونه
fayans
یو ډول کمود
lazımlık
ظرف شوی
evye

تشناب

tuvalet

فرشي کمود

alaturka tuvalet

کمود

bide

د متیازو ځای

pisuvar

تشناب کاغذ

tuvalet kağıdı

د تشناب برس

tuvalet fırçası

38 حمام - banyo

د غاښونو برس

diş fırçası

د غاښونو کريم

diş macunu

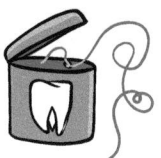

د غاښونو نخ

diş ipi

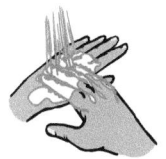

مينځل

yıkamak

لاسي شاور

duş başlığı

دوش

duş başlığı şeklinde taharet musluğu

خانک

küvet

د شا برس

banyo fırçası

صابون

sabun

د شاور ژل

duş jeli

شامپو

şampuan

فلانل جامه

banyo lifi

وچول

gider

کريم

krem

سپری

deodorant

آینه

ayna

لاسي آینه

el aynası

ریزر

jilet

د خریلو فوم

tıraş köpüğü

د خریلو وروسته

tıraş losyonu

ګمنځ

tarak

برس

fırça

د ویښتانو وچونکی

saç kurutma makinesi

د ویښتانو سپری

saç spreyi

میک اپ

makyaj

لیپ ستیک

ruj

د نوکانو پالش

tırnak cilası

کاټن وری

pamuk

ناخن ګیر

tırnak makası

عطر

parfüm

د مېنځلو کڅوړه

....

makyaj çantası

سټول

....

tabure

د وزن کولو تله

....

tartı

د حمام پوښاک

....

bornoz

د ربړ دستکش

....

lastik eldiven

ټامپون

....

tampon

صحيی جان پاک

....

kadın pedi

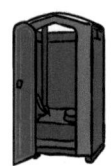

کیمیکل تشناب

....

kimyevi tuvalet

د ماشوم خونه

çocuk odası

د الارم ساعت
çalar saat
د لوبو وسایل
peluş oyuncak
د ناڅکي موټر
oyuncak araba
çıngırak

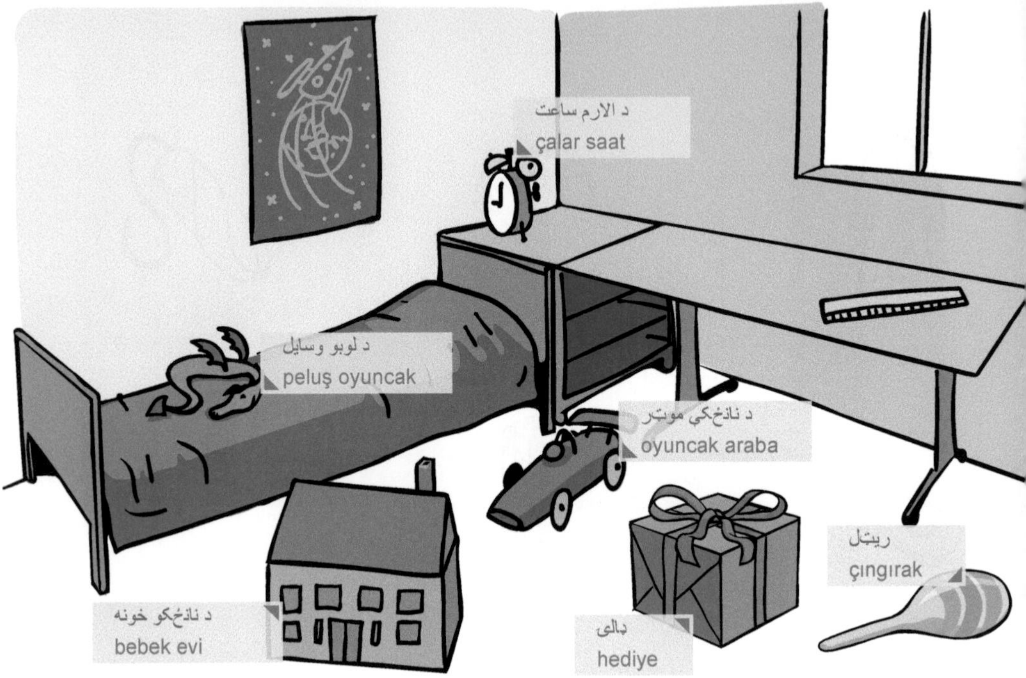

بالون

balon

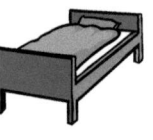

تخت

yatak

کالسکه

bebek arabası

د لوبو ورقې

kart destesi

جیگسا

yapboz

مسخره

çizgi roman

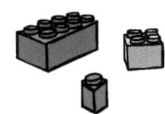

ليګو بريک

lego tuğlaları

د ناڼخکو بلاک

lego blokları

د اکشن فيګور

aksiyon figürü

د ماشوم پوښاک

zıbın

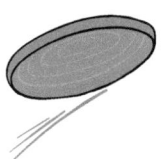

فريزبي

frizbi

موبايل

dönence

بورډ لوبه

masa oyunu

تاس

zar

ماډل ريل سيټ

model tren seti

ګونګشی

emzik

پارټي

parti

د عکسونو البوم

resimli kitap

بال

top

ناڼخکه

oyuncak bebek

لوبيدل

oynamak

د شګـو کنده

kum havuzu

سوینګ

salıncak

نانځکي

oyuncaklar

د ویډیو لوبو کنسول

video oyun konsolu

ټرای سایکل

üç tekerlekli bisiklet

ګـوډکه

oyuncak ayı

د کالو الماری

gardırop

پوښاک

kıyafet

جرابې

çorap

لوړې جرابې

külotlu çorap

ټایټس

tayt

زروکی
eşarp

şemsiye

tişört

کمربند
kemer

سنیکر
spor ayakkabı

bot

سلیپر
terlik

سینډل

sandalet

بوټان

ayakkabı

د ربړ بوټان

lastik çizme

زیرنیکري

külot

سینه بند

sütyen

واسکټ

yelek

بادي

dar bluz

پتلون

pantolon

جينز

kot pantolon

لمن

etek

بلاوز

bluz

شرټ

gömlek

بنيان

kazak

سويټر

süveter

بليزر

blazer

جاکټ

ceket

کوټ

mont

د باران کوټ

yağmurluk

پوښاک

kostüm

کالي

elbise

د واده پوښاک

gelinlik

دریشي
....
takım elbise

د شپې پوښاک
....
gecelik

پاجامه
....
pijama

ساړي
....
sari

لوپټه
....
baş örtüsü

پټکی
....
türban

برقه
....
burka

کفتن
....
kaftan

عبا
....
çarşaf

د لامبو پوښاک
....
mayo

نیکر
....
erkek mayosu

شارټ
....
şort

د ځغاستې پوښاک
....
eşofman

پیش بند
....
önlük

دستکش
....
eldiven

بټن

düğme

عینک

gözlük

لاس بند

bilezik

غاړه کۍ

kolye

ګوتمه

yüzük

غوږوالۍ

küpe

خولۍ

kep

کوټ بند

portmanto

خولۍ

şapka

ټایۍ

kravat

ځنځیر

fermuar

هیلمیټ

kask

تړونکی

pantolon askısı

د ښوونځي یونیفارم

okul forması

یونیفارم

üniforma

بيب

mama önlüğü

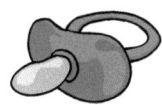

ګـونګـشی

emzik

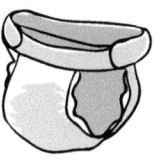

نيپي

bebek bezi

دفتر

ofis

سرور
sunucu
د دوسيه الماری
dosya dolabı
پرينټر
yazıcı
ورق
kağıt
monitör
masa
ماوس
fare
فولډر
klasör
کي بورډ
klavye
اشغالدانی
kağıt çöp kutusu
کمپيوټر
bilgisayar
چوکی
sandalye

د کافي پياله

kahve fincanı

کالکوليټر

hesap makinesi

انټرنيټ

internet

لپ ټاپ

dizüstü

لیک

mektup

پیغام

mesaj

موبایل

cep telefonu

نیټورک

ağ

فوټوکاپیر

fotokopi makinesi

سافټویر

yazılım

تلیفون

telefon

پلک ساکټ

priz

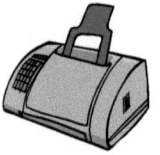

فکس مشین

faks makinesi

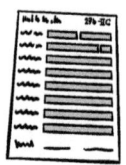

فارم

form

سند

belge

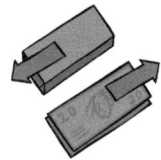

پیرل

satın almak

تادیه کول

ödemek

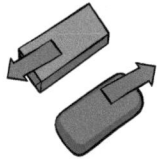

سوداګري کول

ticaret yapmak

پیسې

para

ډالر

dolar

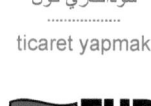

یورو

avro

ین

yen

ربل

ruble

سویسي فرانک

İsviçre frangı

رینمینبي یوان

Çin yuanı

روپۍ

rupi

د نغدي پیسو ځای

kasa

د اسعارو د تبادلې دفتر
....
döviz bürosu

سره زر
....
altın

سپین زر
....
gümüş

تیل
....
petrol

انرژي
....
enerji

نرخ
....
fiyat

قرارداد
....
kontrat

مالیه
....
vergi

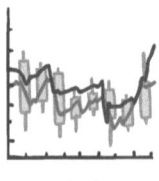

اسهام
....
menkul değer

کار کول
....
çalışmak

کارمند
....
işveren

کار ګومارونکی
....
işçi

فابریکه
....
fabrika

پلورنځی
....
mağaza

meslekler

د پولیسو افسر
polis memuru
د اطفایه غړی
itfaiyeci
آشپز
aşçı
ډاکټر
doktor
pilot

باغوان

bahçıvan

نجار

marangoz

خیاط

terzi

قاضي

hakim

کیمیا پوه

kimyager

د فلم لوبغاړی

aktör

د بس ډرايور

otobüs şoförü

د ټېکسي ډرايور

taksi şoförü

كب نيونكى

balıkçı

خدمه

temizlikçi

بام جوړونكى

çatı ustası

پېشخدمت

garson

ښکاري

avcı

نقاش

boyacı

نانوا

fırıncı

د برېښنا كاركونكى

elektrikçi

تعمير جوړونكى

inşaatçı

انجنير

mühendis

قصاب

kasap

نلدوان

muslukçu

پوست رسونكى

postacı

سرتيرى

asker

مهندس

mimar

صراف

kasiyer

ماليار

çiçekçi

نايى

kuaför

کلينډر

kondüktör

ميکانيک

tamirci

کپتان

kaptan

د غاښونو ډاکټر

dişçi

ساينس پوه

bilim insanı

ښاغلی

haham

امام

imam

مذهبي نفر

keşiş

پادري

rahip

لوازم
aletler

çekiç
پلاس
penseler
پیچکش
tornavida
رینچ
İngiliz anahtarı
el feneri

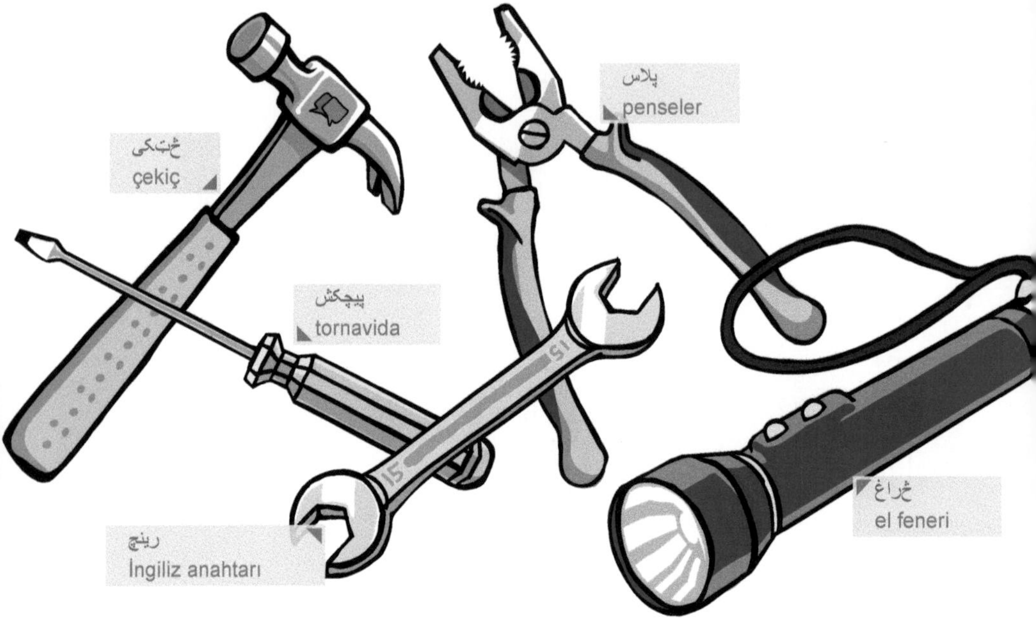

کنستونکی
....
kazı makinesi

د لوازمو بکس
....
alet çantası

زینه
....
merdiven

اره
....
testere

میخونه
....
çiviler

برمه
....
matkap

ترمیم کول

tamir etmek

بیل

kürek

لعنت!

Kahretsin!

خاک انداز

faraş

مشواڼی

boya tenekesi

پیچونه

vidalar

د میوزیک آلات

müzik enstrümanı

لاوډ سپیکر
hoparlör
ډرم سیټ
bateri seti
gitar
kontrbas
ټرومپیټ
trompet

پیانو

piyano

وایلن

keman

باس

basgitar

نغاره

timpani

ډرمونه

bateri

کي بورډ

klavye

سیکسافون

saksafon

شپیلی

flüt

مایکروفون

mikrofon

hayvanat bahçesi

ننوتو لاره
giriş
kaplan
پنجره
kafes
ګوره خر
zebra
د ژويو خواره
hayvan yemi
پاندا
panda

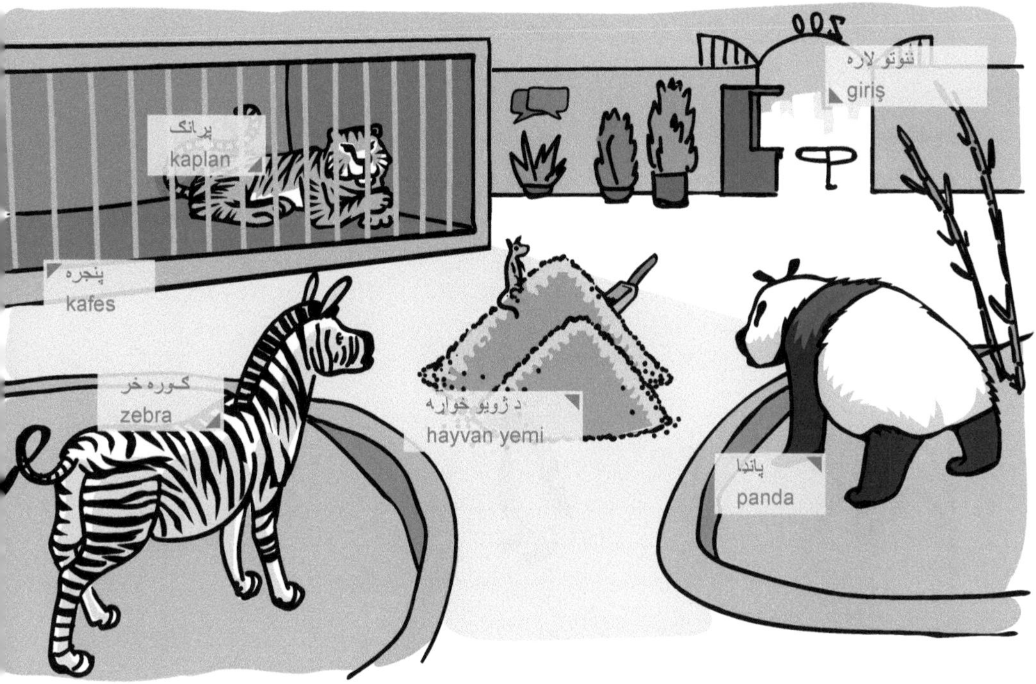

ژوی

hayvanlar

هاتي

fil

کنګرو

kanguru

د اوبو اسپ

gergedan

ګوريلا

goril

ايږه

ayı

اوښ

deve

شترمرغ

deve kuşu

زمری

aslan

بیزو

maymun

غزی

flamingo

طوطي

papağan

قطبي ايږه

kutup ayısı

پينګوين

penguen

شارک

köpek balığı

طاوس

tavus kuşu

مار

yılan

تمساح

timsah

ژوبڼ ساتونکی

hayvanat bahçesi görevlisi

سیل

fok

جګوار

jaguar

يابو
midilli atı

پړانګ
leopar

هيپو
su aygırı

زرافه
zürafa

باز
kartal

نرخوګ
yaban domuzu

کب
balık

شمشتۍ
kaplumbağa

سمندري نولی
mors

ګيدړه
tilki

هوسۍ
ceylan

ورزش

sporlar

امریکایی فټبال
amerikan futbolu
سایکل ځغلول
bisiklete binme
tenis
باسکیټبال
basketbol
لامبو
yüzme
باکسینګ
boks
د کنګل هاکي
buz hokeyi

فټبال

futbol

کسیزه

badminton

د ځغاستې لوبې

atletizm

د هندبال

hentbol

سکي

kayak

پولو

polo

خندل
gülmek
ټوپ وهل
atlamak
غاړه ورکول
sarılmak
yürümek
سندرې ويل
söylemek
خوب ليدل
hayal etmek
عبادت کول
dua etmek
مچو کول
öpmek

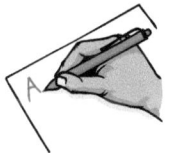

ليکل

yazmak

کښل

çizmek

ښودل

göstermek

ټېله کول

itmek

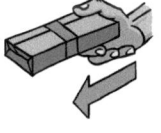

ورکول

vermek

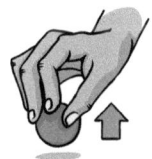

اخيستل

almak

درلودل

sahip olmak

کول

yapmak

پاییدل

olmak

ودریدل

ayakta durmak

منډې وهل

koşmak

راکښل

çekmek

ګوزارل

atmak

لویدل

düşmek

ځملاستل

yalan söylemek

انتظار کول

beklemek

وړل

taşımak

کښیناستل

oturmak

پوښاک اغوستل

giyinmek

ویده کیدل

uyumak

پاڅیدل

uyanmak

کتل

bakmak

ژړل

ağlamak

برید کول

vurmak

ګمنځ کول

taramak

خبرې کول

konuşmak

پوهیدل

anlamak

غوښتل

sormak

اوریدل

dinlemek

څښل

içmek

خوړل

yemek

پاکول

düzenlemek

مینه کول

sevmek

پخلی کول

pişirmek

موټر چلول

sürmek

الوتل

uçmak

بیړی چلول

....

denize açılmak

حساب

....

hesapla

لوستل

....

okumak

زده کول

....

öğrenmek

کار کول

....

çalışmak

واده کول

....

evlenmek

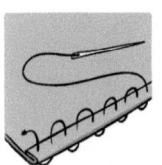

ګنډل

....

dikmek

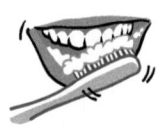

د غاښونو برس کول

....

diş fırçalamak

وژل

....

öldürmek

سګرټ څښل

....

sigara içmek

لیږل

....

yollamak

کورنۍ
aile

نیا
büyükanne
نیکه
büyükbaba
پلار
baba
مور
anne
ماشوم
bebek
لور
kız
زوی
oğul

میلمه
....
misafir

ترور
....
teyze

کاکا/ماما
....
amca

ورور
....
erkek kardeş

خور
....
kız kardeş

بدن

vücut

alın
göz
مخ
yüz
زنه
çene
سینه
göğüs
ګوته
parmak
لاس
el
مټ
kol
اوږه
omuz
پښه
bacak

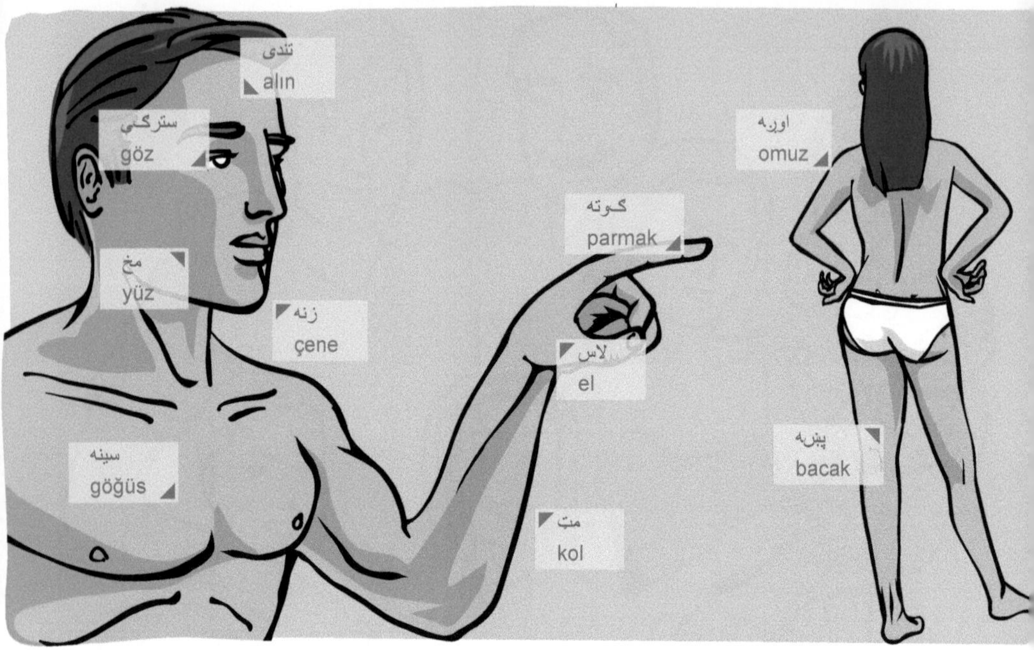

ماشوم

bebek

سړی

adam

ښځه

kadın

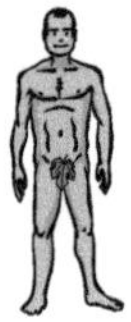

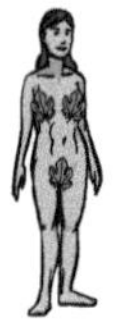

انجلۍ

kız

هلک

erkek çocuk

سر

baş

شا

sırt

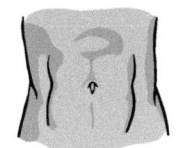

خېټه

karın

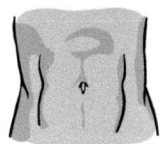

نوم

göbek

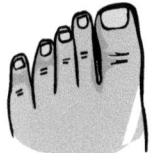

د پښې ګوته

ayak parmağı

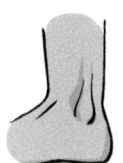

پونده

topuk

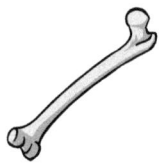

هډوکی

kemik

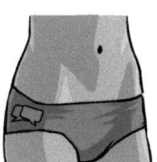

کوناټی

kalça

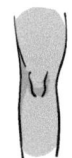

زنګون

diz

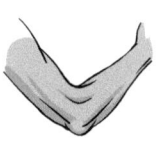

څنګل

dirsek

پوزه

burun

لاندې برخه

kalça

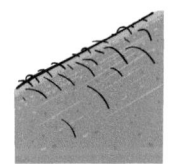

پوټکی

deri

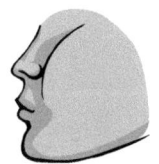

غومبوری

yanak

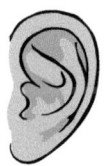

غوږ

kulak

شونډه

dudak

خوله

....

ağız

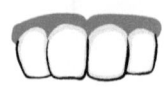

غاښ

....

diş

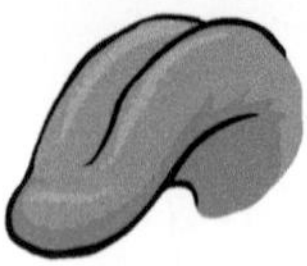

ژبه

....

dil

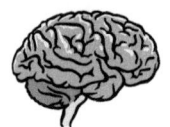

مغز

....

beyin

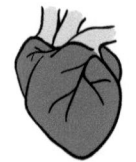

زړه

....

kalp

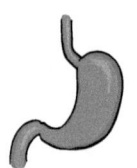

عضله

....

kas

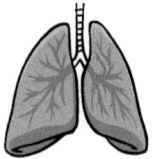

سږی

....

akciğer

ځیګر

....

karaciğer

معده

....

mide

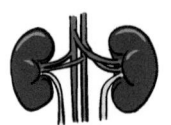

پښتورګي

....

böbrekler

جنسي نږدې والی

....

seks

کانډوم

....

prezervatif

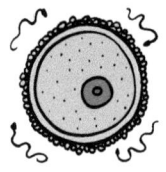

تخمه

....

yumurtalık

مني

....

sperm

حمل

....

hamilelik

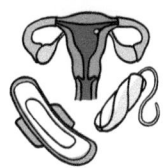

حيض

regl

مهبل

vajina

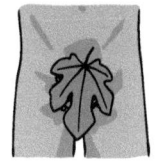

د نارينه تناسلي آله

penis

وروځی

kaş

ویښته

saç

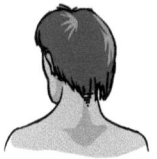

غاړه

boyun

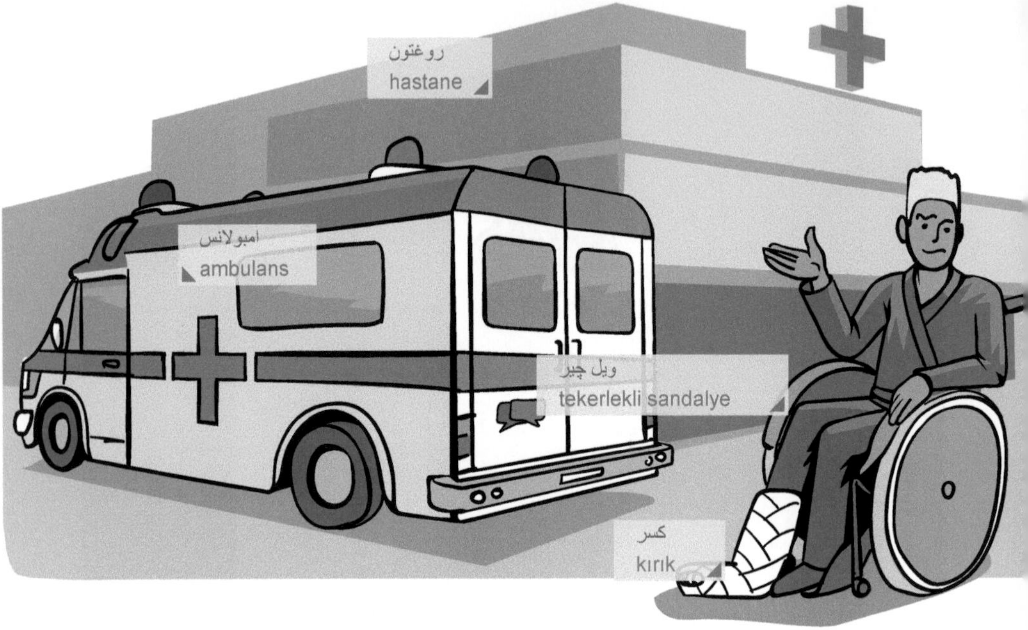

روغتون

hastane

امبولانس
ambulans
ویل چیر
tekerlekli sandalye
کسر
kırık

ډاکټر

doktor

عاجل خونه

acil servis

رنځورپال

hemşire

عاجل

acil

بې هوش

baygın

درد

acı

ټپ

yaralanma

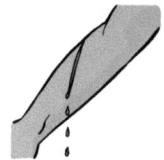

وینه تویدل

kanama

د زړه حمله

kalp krizi

ضرب

felç

حساسیت

alerji

ټوخی

öksürük

تبه

ateş

انفلوینزا

grip

نس ناستی

ishal

سر درد

baş ağrısı

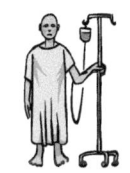

سرطان

kanser

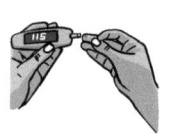

شکر

şeker hastalığı

جراح

cerrah

سکالپل

neşter

عملیات

operasyon

سي.ټي

bilgisayarlı tomografi

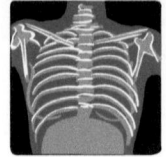

ایکس ری

röntgen

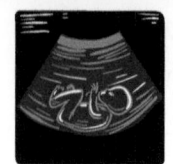

الټراساونډ

ultrason

د مخ ماسک

yüz maskesi

ناروغي

hastalık

انتظار خونه

bekleme odası

امسا

koltuk değneği

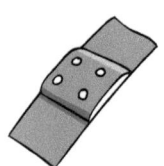

پلستر

yara bandı

بنداژ

bandaj

تزریق

enjeksiyon

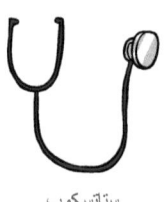

ستاتسکوپ

steteskop

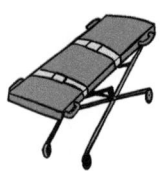

تسکیره

sedye

کلینکي ترمامیټر

tıbbi termometre

زیږون

doğum

زیات وزن

fazla kilo

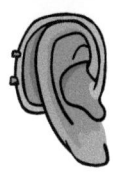

د اوريدو مرسته

işitme cihazı

د عفونيت څخه پاکونکي مواد

dezenfektan

عفونيت

enfeksiyon

ويروس

virüs

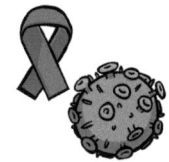

ايچ.آی.وی/ايدز

HIV / AIDS

درمل

ilaç

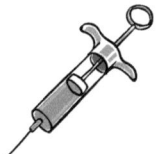

واكسين

aşı

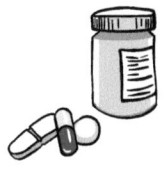

ټابليټس

tablet

ګولی

hap

عاجل تليفون

acil çağrı

د ويني د فشار څارونکی

tansiyon aleti

ناروغ/روغ

hasta / sağlıklı

عاجل
acil

مرسته!

İmdat!

الارم

alarm

یرغل

darp

برید

saldırı

خطر

tehlike

عاجل لاره

acil çıkış

اور!

Yangın!

د اور وژونکی

yangın tüpü

پیښه

kaza

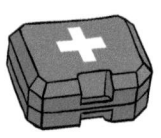

د لومړی مرستي لوازم

ilk yardım çantası

ایس.او.ایس

imdat

پولیس

polis

اروپا

Avrupa

شمالي امريکا

Kuzey Amerika

سهيلي امريکا

Güney amerika

افريقا

Afrika

آسيا

Asya

آسټريليا

Avustralya

اتلانتيک

Atlantik

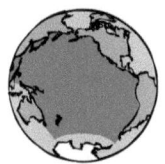

پاسيفيک

Pasifik

د هند بحر

Hint Okyanusu

جنوبي منجمد بحر

Antarktika Okyanusu

د شمال قطب بحر

Arktik Okyanusu

شمالي قطب

Kuzey Kutbu

سهيلي قطب

Güney Kutbu

انټارکټيکا

Antarktika

ځمکه

dünya

ځمکه

kara

بحر

deniz

ټاپو

ada

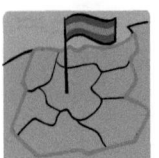

ملت

ulus

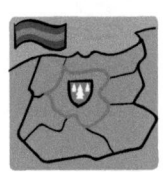

دولت

ülke

ساعت

saat

د مخي ساعت

kadran

د ساعت ستنه

akrep

د دقيقي ستنه

yelkovan

د ثانيې ستنه

saniye ibresi

څه وخت دی؟

Saat kaç?

ورځ

gün

وخت

zaman

اوس

şimdi

ډيجيټل ساعت

dijital saat

دقيقه

dakika

ساعت

saat

اونۍ

hafta

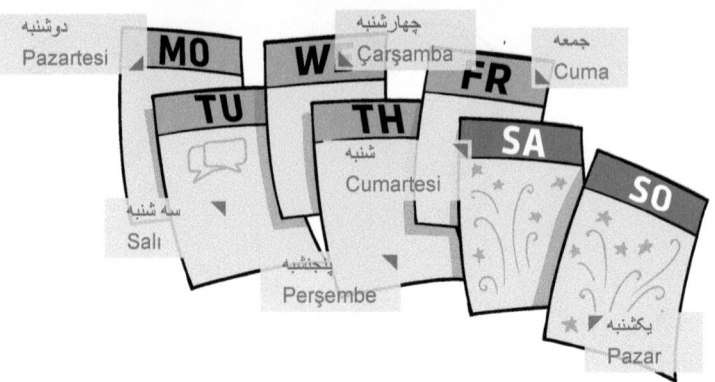

TU
SA
دوشنبه
Pazartesi
سه شنبه
Salı
چهارشنبه
Çarşamba
پنجشنبه
Perşembe
جمعه
Cuma
شنبه
Cumartesi
یکشنبه
Pazar

پرون

dün

نن

bugün

سبا

yarın

سهار

sabah

غرمه

öğle

ماښام

akşam

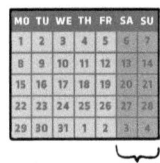

کاري ورځې

iş günleri

د اونۍ پای

hafta sonu

باران
yağmur

رنگين كمان
gökkuşağı

باد
rüzgar

واوره
kara

پسرلى
bahar

أورى
yaz

منى
sonbahar

ژمى
kış

د موسم وړاندوينه

hava durumu tahmini

ترمومیټر

termometre

د لمر وړانگي

güneş ışığı

وريځ

bulut

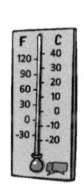

لړه

sis

رطوبت

nem

رڼا

şimşek

تندر

gök gürültüsü

توفان

fırtına

ږلی وریدل

dolu

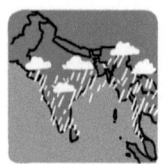

مون سون باران

muson

سیلاب

sel

يخ

buz

جنوري

Ocak

فبروري

Şubat

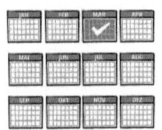

مارچ

Mart

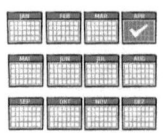

اپریل

Nisan

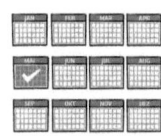

مى

Mayıs

جون

Haziran

جولای

Temmuz

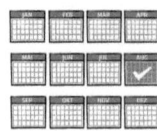

اګست

Ağustos

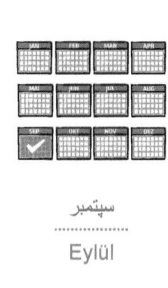

سپتمبر

Eylül

اکتوبر

Ekim

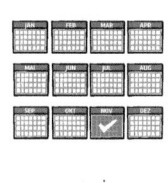

نومبر

Kasım

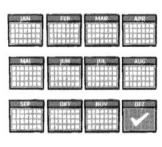

دسمبر

Aralık

شکلونه

şekiller

دایره

daire

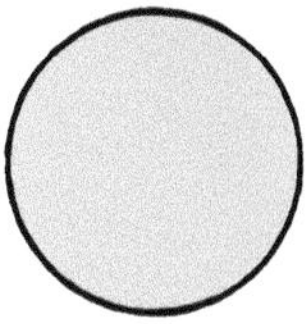

مربع

kare

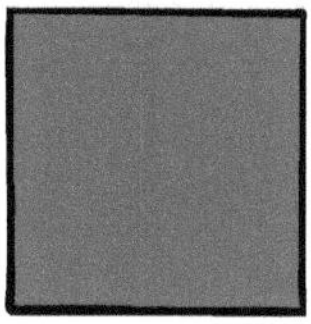

مستطیل

dikdörtgen

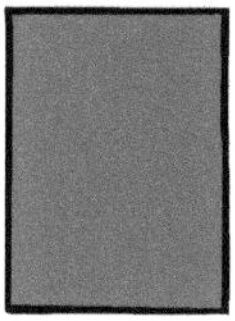

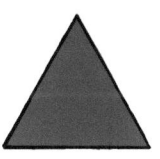

مثلث

üçgen

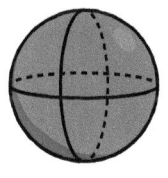

توپ

küre

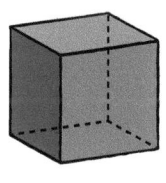

فال

küp

رنګونه

renkler

سپین
....
beyaz

ژیړ
....
sarı

نارنجي
....
turuncu

ګلابي
....
pembe

سور
....
kırmızı

ارغواني
....
mor

نیلي
....
mavi

شین
....
yeşil

نسواري
....
kahverengi

خړ
....
gri

تور
....
siyah

متضاد

zıt anlamlılar

خورا ډیر/خورا لږ

....

çok / az

قار/ارام

....

kızgın / sakin

ښکلی/بدشکله

....

güzel / çirkin

پیل/پای

....

başlangıç / son

لوی/کوچنی

....

büyük / küçük

روښانه/تیاره

....

parlak / karanlık

ورور/خور

....

erkek kardeş / kız kardeş

پاک/ککړ

....

temiz / kirli

مکمل/نامکمل

....

tamam / eksik

ورځ/شپه

....

gün / gece

مړ/ژوندی

....

ölü / canlı

پراخه/نری

....

geniş / dar

د خوراک وړ/نه خوړل کیدونکی

....

yenilebilir / yenilemez

بد/مهربان

....

kötü / iyi

پاریدلی/بې خونده

....

heyecanlı / sıkılmış

چاق/وچ

....

şişman / zayıf

لومړی/وروستی

....

ilk / son

ملګری/دښمن

....

dost / düşman

ډک/تش

....

dolu / boş

سخت/نرم

....

sert / yumuşak

دروند/سپک

....

ağır / hafif

لوږه/تنده

....

açlık / susuzluk

ناروغ/روغ

....

hasta / sağlıklı

غیر قانوني/قانوني

....

yasa dışı / yasal

هوښیار/ساده

....

zeki / aptal

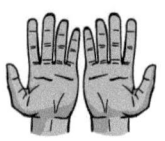

کیڼ/ښي

....

sol / sağ

نږدې/لرې

....

yakın / uzak

نوی/زوړ

....

yeni / kullanılmış

هیڅ/یو څه

....

hiçbir şey / bir şey

بډا/ځوان

....

yaşlı / genç

چالان/بند

....

açma / kapama

خلاص/تړلی

....

açık / kapalı

غلی/لوړ غږ

....

sessiz / gürültülü

بدایه/غریب

....

zengin / fakir

صحیح/غلط

....

doğru / yanlış

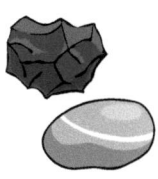

زیږ/ملایم

....

pürüzlü / düz

خفه/خوښ

....

üzgün / mutlu

لنډ/اوږد

....

kısa / uzun

سست/ګړندی

....

yavaş / hızlı

لوند/وچ

....

ıslak / kuru

ګرم/یخ

....

sıcak / serin

جګړه/سوله

....

savaş / barış

0

صفر

sıfır

1

يو

bir

2

دوه

iki

3

دري

üç

4

څلور

dört

5

پنځه

beş

6

شپږ

altı

7

اوه

yedi

8

اته

sekiz

9

نهه

dokuz

10

لس

on

11

يولس

on bir

12

دولس

on iki

13

ديارلس

on üç

14

څوارلس

on dört

15

پنځلس

on beş

16

شپاړس

on altı

17

وولس

on yedi

18

اتلس

on sekiz

19

نولس

on dokuz

20

شل

yirmi

100

سل

yüz

1.000

زر

bin

1.000.000

ميليون

milyon

ژبې
diller

انګلسي
İngilizce

امریکایی انګلسي
Amerikan İngilizcesi

چینایی مندرین
Çince (Mandarin)

هندي
Hintçe

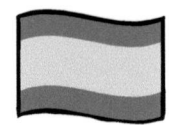

هسپانوي
İspanyolca

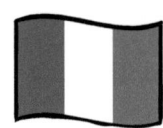

فرانسوي
Fransızca

عربي
Arapça

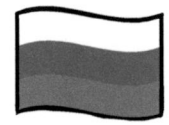

روسي
Rusça

پرتګالي
Portekizce

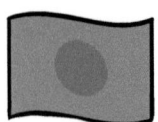

بنګالي
Bengalce

آلماني
Almanca

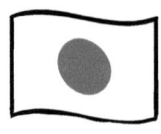

جاپاني
Japonca

څوک/څه/څنګه
kim / ne / nasıl

زه
....
ben

ته
....
sen

هغه/دغه/دا
....
o

موږ
....
biz

تاسي
....
siz

دوی/هغوی
....
onlar

څوک؟
....
kim?

څه؟
....
ne?

څنګه؟
....
nasıl?

چیرې؟
....
nerede?

کله؟
....
ne zaman?

نوم
....
isim

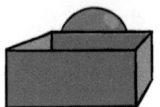

چیری

nerede

شاته

arkasında

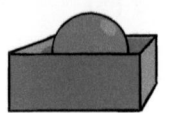

په

içinde

په مخه کي

önünde

باندي

üzerinde

په

üstünde

لاندي

altında

برسيره پر

yanında

ترمينځ

arasında

ځای

yer